EDITION Johannes Kuhn

Hans Jürgen Schultz

Neuland entdecken

Erfahrungen aus dem Un-Ruhestand

Quell

EDITION JOHANNES KUHN BAND 16

ISBN 3-7918-1815-5

1. Auflage 1992
Umschlaggestaltung: Klaus Dempel
Umschlagmotiv: August Macke, Abendlandschaft mit drei
Mädchen, © Archiv für Kunst und Geschichte, Berlin
Satz: Ebner Ulm
Druck: Maisch & Queck, Gerlingen/Stuttgart

INHALT

Dank an Karin

VORWORT

»Ehrwürdiger Greis!« lautete die Anrede, mit der Immanuel Kant 1774 bei einem akademischen Festakt in Königsberg begrüßt wurde. Es war sein – fünfzigster Geburtstag.

Das war einmal. Wann jemand Greis ist, bestimmen heute nicht die Jahre allein. Es gibt nicht nur immer mehr junge Alte, sondern auch ziemlich viele alte Junge.

Pablo Casals übte noch mit neunzig Jahren täglich vier bis fünf Stunden mit seinem Cello. Auf die Frage: wozu das denn? antwortete er: »Ich habe den Eindruck, ich mache Fortschritte.«

Gemeinsam mit Casals und weiteren Altersgenossen – er nannte sie »Mitverschworene« – hat Albert Schweitzer in seinem letzten, dem neunten, Lebensjahrzehnt öffentlich und mit Nachdruck vor allen »Atomlyrikern« gewarnt und gegen die Weltverseuchung Einspruch erhoben. Daß er die Stirn hatte, Regierungen zu kritisieren und zum Argwohn gegen sie aufzurufen, veranlaßte viele ehemalige Anhänger und Verehrer, sich von ihm abzuwenden und an der Zurechnungsfähigkeit des zornigen alten Mannes zu zweifeln. Er parierte: »Ich bin betagt, aber nicht umnachtet.«

Ebenso sein Freund Bertrand Russell. Noch als fast Hundertjähriger ist der Lord auf die Straße gegangen, um Demonstrationen anzuführen, wurde der Nobelpreisträger von der Polizei abgeschleppt. Politiker fürchteten seinen entlarvenden Witz und Richter seine Überlegenheit, mit der er sie, die Robenträger, während der Verhandlung, die seine Verurteilung zum Ziel hatte, im Nu in die Rolle der Angeklagten versetzte. In seiner Person verband sich Charisma mit Charme. Und so wurde er, wie Schweitzer, weltweit zur Symbolfigur für eine junge Generation, die nicht nur überleben, sondern leben will.

Ich hatte das Glück, solchen großen Alten zu begegnen. Ich habe Albert Schweitzer kennengelernt, zur gleichen Zeit Martin Buber. So verschiedenartige Geister wie Erich Fromm oder Manès Sperber, Ernst Fischer oder Alfons Rosenberg haben mir ihre Freundschaft zuteil werden lassen. Und Walter Dirks und Axel Eggebrecht, beide wurden über neunzig, haben ihren erheblich jüngeren Kollegen bis zu guter Letzt sowohl ermutigt wie auch am Ärmel gezupft. Käte Hamburger war vierundneunzig, als sie, meiner Bitte folgend, ihren luziden Essay über Else Lasker-Schüler schrieb; Lily Pincus hat trotz ihrer von einer Altersleukämie verursachten Schwäche ihr Buch über das hohe Alter bis wenige Stunden vor dem erwarteten Tod diktiert und somit beendet. Mit diesen und vielen anderen altgewordenen, manchmal schon gebrechlichen, aber niemals zurückgezogenen Autorinnen und Autoren hat mich mein Beruf zusammengeführt. Sie zu besuchen und mit ihnen zu reden, bedeutete jedesmal das Erlebnis einer oft gar nicht mehr für möglich gehaltenen Gedankenfreiheit. Man ging anders von ihnen weg, als man zu ihnen gekommen war.

Waren sie so bevorzugt, daß jeder Hinweis auf sie oder gar ein Vergleich mit ihnen sich verbietet und in uns allenfalls das Bewußtsein hoffnungsloser Unterlegenheit bewirkt? Die Frage ist nicht klug gestellt. Sie müßte eher lauten: Ob nicht auch wir, jeder von uns, etwas freier, etwas lebendiger, etwas mutiger, etwas liebevoller sein könnten – als wir es sind?

Neuland entdecken

WIR BRAUCHEN »NEUE« ALTE

Geplagt und beklagt, das ist das Alter. Gepriesen wird es selten. Die Rede von den »neuen Alten« dagegen klingt zuversichtlich. Und das soll sie auch. Ich bin, als Novize, einer von ihnen und weiß das zu schätzen. In diesem Buch soll von ersten Erfahrungen im Leben eines neuen Alten berichtet werden, von seinen Gehversuchen auf unvertrautem, aber vielversprechendem Gelände.

Diese neuen Alten in ihrer Vielzahl geben allerdings nicht nur zu Hoffnungen Anlaß, sondern schaffen auch Probleme. Die Vermehrung älterer wird mit der Verringerung jüngerer Menschen erkauft. Der Preis ist hoch und will bedacht sein. Die Gesellschaft erfährt eine Verschiebung ohnegleichen, eine Überalterung. Der Rhythmus von Kommen und Gehen verändert sich. Diesen von Wissenschaft und Technik verursachten Vorgang begleiten mindestens so viele Gefahren wie Chancen.

Der Anfang der Wissenschaft war die Erkenntnis, daß wir sterben müssen – und damit die

Herausforderung, die Sterblichkeit anzuzweifeln, ihr entgegenzuwirken, sie zu überwinden, also den Tod zu entmachten. Wissenschaft ist die Bemühung des Menschen, zu sein wie Gott oder richtiger: das, was wir Gott nennen, nicht mehr nötig zu haben. An ihrem Ziel ist sie nicht. Noch erscheint es durchaus unerreichbar. Doch die Wissenschaft befindet sich, mit beunruhigend großen Schritten, auf ihrem Weg. Bisher gehörten Geburt und Tod zu den nicht disponiblen Tatbeständen unserer Existenz. Die Menschen treten in eine ganz und gar neue Phase ihrer Geschichte ein, wenn es ihnen gelingt, Leben so zu manipulieren, daß sein Beginn und sein Schluß der eigenen Entscheidung überlassen werden.

Nicht Science-fiction, sondern Fortschritte in der Zellbiologie lassen die wissenschaftlicher Phantasie und ihrem Größenwahn entsprungene, gleichwohl in Laboratorien exakt durchgespielte Vision zu, daß den biochemischen Altersprozessen eines nicht zu fernen Tages Einhalt zu gebieten sei. Der Tod erscheint nicht mehr als zur Natur alles Lebendigen gehörende Notwendigkeit, sondern als eine vermeid- oder zumindest lange aufschiebbare organische Fehlleistung. Der uralte Wunschtraum, nicht mehr sterben zu *müssen*, könnte also irgendwann umschlagen in den Alptraum, nicht mehr sterben zu *dürfen*. Ein Gesundheitswesen kündigt sich an, das unser Leben vollständig bewacht und bewahrt. Krankheiten, Signale unserer Hinfälligkeit und bisher schlechterdings nicht wegzudenken aus unserer Lebenserfahrung, verschwinden womöglich. Der Mensch ist zum Leben verdammt. Und der einzige Ausweg, dem Zwang zu leben zu entkommen, hieße dann Suizid, Freitod.

Für wie erstrebenswert solche Errungenschaften – die wir nicht mehr erleben, die aber künftigen Generationen mit einiger Ernsthaftigkeit in Aussicht gestellt werden – zu halten sind, ist strittig. Empfinden die einen sie als erschreckend und vermessen, so begrüßen die anderen sie als einen Erfolg des zur Mündigkeit, zur Unabhängigkeit, zur Selbstverantwortung herangewachsenen Menschen. Jedenfalls haben ehedem fundamentale Gegebenheiten des Menschseins ihre unantastbare Geltung verloren. Was einmal Fügung war, ist Sache unserer Verfügung geworden.

Man denke an die Geburt des Menschen. Sie wurde bis vor kurzem hingenommen wie ein

Naturereignis, gegen das man sich nicht zu schützen wußte und das sich der Steuerung, der Planung, dem Kalkül entzog. Und wie die Kinder kamen, so gingen sie wieder. Die drohende Säuglingssterblichkeit beschattete jede Geburt. Wir kennen in der Literatur, zumal in der Briefliteratur, ungezählte traurige Zeugnisse dieser dunklen Erfahrung.

Die Mütter waren gleichfalls gefährdet. Mit der Heirat ließen sie sich gewissermaßen auf ein Berufsrisiko ein. In Grabreden des 17. und 18. Jahrhunderts wird der Tod der Mutter im Kindbett oft verglichen mit dem Tod des Soldaten im Krieg. Beide gaben eigenes für anderes Leben her. »Und wie das Kind geboren ward, starb die Königin« – diesem Satz im Märchen von Schneewittchen entsprach bis vor hundert Jahren eine harte alltägliche Wirklichkeit.

Heute haben wir Mühe, das zu verstehen. Die Situation hat sich völlig verändert. Obwohl zu keinem Augenblick vergessen werden kann, daß in den armen Ländern unserer Erde pro Tag ungefähr vierzigtausend Kinder verhungern müssen, ist es ein Tatbestand, daß in den Industrienationen der Kindertod als Massenerscheinung durch die Leistungen der Hygiene beseitigt werden konnte.

Zugleich hat die Einführung von Methoden der Empfängnisverhütung die Zwangsläufigkeit des Zusammenhangs von sexueller Begegnung und Schwangerschaft aufgehoben. Ob und wieviel Kinder sie haben wollen, bestimmen die Eltern selbst. Und bleibt die natürliche Befruchtung aus, so bieten sich vermehrt Ersatzmöglichkeiten an. Die Erfüllung des Kinderwunsches mit künstlichen Mitteln ist keine Utopie mehr.

Die Auswirkungen der Geburtenregelung sind in vollem Gange. Die familialen Organisationen haben sich gewandelt, verkleinert. Das Einzelkind dürfte der Durchschnittsfall werden. Die Eineltern-Erziehung (früher schon sprachlich ein Unding) ist keine Seltenheit. Das Kind ist von ehemaligen Rollenerwartungen (zum Beispiel ökonomischen) entlastet, sieht sich jedoch neuen (zum Beispiel Wunschvorstellungen) ausgesetzt. Sein Dasein ist viel weniger selbstverständlich als bisher. Es ist Gegenstand und Ergebnis von Berechnungen. Das »Jahrhundert des Kindes«, 1901 von Ellen Key, der schwedischen Pädagogin, proklamiert, geht unweigerlich zu Ende.

Denn das damals geforderte »Recht des Kindes, seine Eltern selber zu wählen«, war im Unterschied zum Recht der Eltern auf das gewollte Kind eine Illusion. Das ungewollte Kind, ein Trauma dereinst, ist die Ausnahme geworden.

Das Jahrhundert des Kindes stellt sich unversehens als das Jahrhundert der Alten dar. Wir erleben gegenwärtig den Übergang von einer Gesellschaft mit hohen Geburten- und Sterberaten zu einer Gesellschaft mit geringem Zuwachs und steigender Lebenserwartung. Geburtenrückgang auf der einen und Lebensverlängerung auf der anderen Seite bewirken eine Ergrauung der Gesellschaft. Bevölkerungswissenschaftler verwenden für diesen Sachverhalt das Bild der auf den Kopf gestellten Pyramide.

Die Gerontologie, die Lehre vom Altern, hat Konjunktur. Zwar verhält sie sich nüchtern und versteigt sich nicht zu dem Ehrgeiz, die Grenze, die der Tod bedeutet, auszulöschen; aber sie ist erfolgreich mit der Anstrengung, sie hinauszuzögern. Ihre erklärte Absicht ist es, dazu beizutragen, daß möglichst viele Menschen möglichst spät möglichst jung sterben. Es gilt, dem vermeintlich vorzeitigen Tod, dem Tod zur Unzeit, zuvorzukommen. Und in der Tat scheinen Medizin, Hygiene und immer effizientere Biotechnik den Menschen in die Lage versetzen zu wollen und zu können, bis ins hohe Alter gesund, beweglich und wach zu bleiben. Das ist – auch wenn der Augenschein ihr noch widerspricht und sich häufende Krankheiten und das Bewußtsein vom unweigerlich näherrückenden Ende das Alter nach wie vor beklemmend charakterisieren – eine fabelhafte Perspektive, kein Gespinst, sondern eine Vorstellung, an deren Umsetzung gearbeitet wird. Es ist denkbar, daß Last und Leiden des Alters wenigstens vermindert, vielleicht sogar einmal weitgehend verhindert werden. Welches die optimale Lebensspanne des Menschen sei, ist nicht ausgemacht. Achtzig Jahre, wenn es hoch kommt, so hieß es einst. Neuerdings einigt man sich gern auf runde hundert. Dies Limit ist realistisch.

Die Zahl der älteren und alten Menschen steigt rapide an. Schon heute treten sie nicht mehr als einzelne, sondern als Kohorte, als sehr relevante Gruppe in Erscheinung. Dafür gibt es keinen Vergleich mit vergangenen Zeiten. Wir haben es eben mit *neuen* Alten zu tun. Wir waren und sind auf diesen historischen Wandel, auf diesen Transit überhaupt nicht eingerichtet. Noch stehen wir ihm rat- und tatlos gegenüber. Doch das dürfte sicher sein: Die *Verlängerung* bedeutet keine bloß quantitative, sondern eine schwerwiegende qualitative *Veränderung* des gesamten Lebensverlaufs. Leib und Seele verlangen einen anderen, einen großzügigen und ganzheitlichen Lebensentwurf, wenn viel mehr Zeit für sie da ist. Das Klischee von der Dreiteilung – Kindheit, Jugend, Ausbildung am Anfang; Aktivität, Beruf, Verantwortung in der Mitte; Ruhestand, Zurückgezogenheit, Gebrechlichkeit am Ende –, dies Klischee stimmt nicht mehr, auch wenn es noch allenthalben zugrundegelegt wird und wir alle es uns mehr oder weniger zu eigen gemacht haben. Unsere Selbsteinschätzung ist antiquiert. Wir verdrängen, was es mit den vielen neuen Alten auf sich hat und was es, beispielsweise, bedeuten muß, daß um die Jahrhundertwende nur eine reichliche Hälfte der Bevölkerung erwerbstätig sein wird und daß der andere Teil aus Menschen besteht, die »noch nicht« oder »nicht mehr« verdienen. Beinahe auf jeden Beschäftigten kommt ein Nichtbeschäftigter. Wer soll das bezahlen? Und wie kann vermieden werden, daß hier Polarisierungen entstehen, Klassenunterschiede, wie wir sie noch niemals erlebt haben?

»Alte Männer sind gefährlich, ihnen ist die Zukunft völlig egal«, lese ich bei George Bernard Shaw. Ob diese Nach-uns-die-Sintflut-Mentalität, diese Abwesenheit von vitalem Interesse am Wohlergehen der Nachwelt tatsächlich ein Merkmal von alten Menschen, zumal alten Männern, ist, sei dahingestellt. Aber wie den meisten Unliebenswürdigkeiten, die wir uns im Urteil über andere erlauben, eine Spur von Berechtigung zuzugestehen ist, so könnte der von Shaw apostrophierte Egoist, der – wie die griechische Sprache sich ausdrückt – Idiot, der eigensinnige, selbstbezogene, bezuglose Alte zum Problemfall einer Gesellschaft werden, die es versäumt hat, eine integrative Altenpolitik zu entwickeln. Wenn die alten Menschen, die bald den dritten Teil der Gesellschaft stellen, unzufrieden, unverstanden, unbeteiligt sind, so liegt es nahe, daß sie sich als eine schmarotzende Randgruppe absetzen und verselbständigen. Es läßt sich unschwer ausmalen, was für Verhärtungen und Isolationen, was für offener Haß gegen alles Neue, Fremde, Lebendige aufkommen könnten, wenn nicht einem Krieg zwischen Jung und Alt beizeiten klug vorgebeugt wird. Unserer sowohl kleiner wie auch älter werdenden Gesellschaft wohnt die Tendenz zu einer Krise inne.

Wie gesagt: Die Gesellschaft ergraut. Sie wird kinderarm. Bisher neophil und ungeduldig auf Veränderung, auf Wachstum und Fortschritt bedacht, ja erpicht, werden ihre Züge plötzlich greisenhaft. Sie stagniert, wird ruheständlerisch, entbehrt des Nachwuchses. Eine Disproportion stellt sich ein, ein Mißverhältnis zwischen Geburts- und Todesanzeigen. Da der Tod der Preis der Fortpflanzung ist, ist die Fortpflanzung betroffen, wenn der Tod zurückgedrängt wird. Leben mit weniger Tod bedeutet Leben mit weniger Jugend. Die Tragweite dieser Umschichtung und Verzerrung, die Konsequenzen für die innere wie für die äußere Verfassung der Gesellschaft sind unabsehbar.

Die »neuen Alten« sind ein Lichtblick, das meine ich und möchte ich zu zeigen versuchen. Aber zugleich will zur Kenntnis genommen werden, daß es von erheblichem Einfluß ist, wenn das Kind, die Puerilität, schwindet und der Greis, die Senilität, an Boden gewinnt. All das Gewordene hemmt, was werden will. Ein Klimawechsel steht bevor, ein Mangel an Zufuhr von Frischluft. Ein Verlust an Verjüngung ist immer zugleich ein Verlust an Verheißung.

Es kommt also alles auf *neue*, auf *lebendige* Alte an. Sie betreten unbekanntes Land: terra incognita. Es bedarf außerordentlicher Anstrengungen für die nächste Wegstrecke. Noch eilt ihnen niemand zu Hilfe, weder der Papst noch Sigmund Freud, weder der Sozialismus noch die freie Marktwirtschaft, weder Poeten noch Propheten. Wir sind auf uns gestellt, wir Ältere und Alte. Wir müssen uns entdecken und entfalten. Rückgriffe auf Erkenntnisse oder Erfahrungen früherer Zeiten sind ungenügend oder irreführend, entbehrlich oder gefährlich. Die Vergangenheit verweigert, was die Zukunft verlangt. So schwer es ist: Wir müssen, sagt Martin Buber, »nicht das Getane tun, sondern das zu Tuende«.

Die endlich erworbene Freiheit

NICHT NUR UMDENKEN, SONDERN UMFÜHLEN

Die Tiefe des Prozesses, den der Abschied vom Beruf in uns verursacht, wird gemeinhin unterschätzt. Wir geben der neuen Lebenssituation kuriose, meistens beschwichtigende, vor allem aber abgrenzende Namen. Es herrscht die unerbittliche Regel, daß das »Arbeitsleben«, das möglichst intensive, über Nacht abbricht. Für Alternativen oder für Hinführungen und Überleitungen wird gar nicht oder unzulänglich gesorgt. Auch wer sich, wie ich, mit dem Ruhestand beschäftigt und auf ihn eingestellt hat, ist unvorbereitet und wird Erfahrungen ausgesetzt, auf die er kaum gefaßt gewesen sein dürfte.

Eine leere Zukunft, eine lange Weile von zehn, zwanzig, dreißig und mehr Jahren tut sich auf, eine Ödnis des plötzlichen Nichtmehrgefragtseins, das Warten auf nichts. Die Gesellschaft quittiert einem bislang scheinbar unersetzlichen Menschen mit seinem Eintritt ins Rentnerdasein schlagartig seine völlige Entbehrlichkeit. Die Brutalität dieses Vorgangs macht sich kaum jemand, machen selbst Arbeitgeber von der edleren Sorte sich nicht klar. Je mehr jemand sich im Beruf verausgabt hat, um so hilfloser bewegt er sich im unerprobten Ruhestand.

Wer sich hier nicht auf sich selbst verlassen kann, ist verlassen, wird, zumindest innerlich, einsam und ängstlich. Er geht ohne Geländer. Er sucht Sinn, und das bedeutet ursprünglich: sich nach dem Weg zu erkundigen, nach der Richtung, nach der Ausrichtung, auch nach der Richtigkeit der Schritte. Quo vadis. Jetzt interessiert weniger das Woher als das Wohin. Der Sinn wird heute in der Umgebung der »letzten Dinge« diskutiert. Aber sein Plural hieß einmal Sinne. Sie, die Sinne, werden zur Orientierung betätigt. Wie ein Kompaß. Von Sinn war eher biographisch als philosophisch die Rede, in jedem Fall nur *in concreto.* Wer von Sinn spricht, erklärt, was er erfährt. Und die neuen Alten, die ihre gewohnten Kostüme zwar noch tragen, doch nicht mehr füllen, sinnieren irritiert, was aus ihnen werden, wohin es mit ihnen gehen soll.

Nach Igor A. Caruso hat jede Trennung »den Geschmack des Todes – im Leben«. Das gilt natürlich auch für die Auflösung der Bindung an den Beruf, mit all seinen Licht- und Schattenseiten. So muß es nicht verwundern, daß dem Pensionierungsschock oft diffuse Störungen und nicht selten sogar der Pensionierungstod folgen. Das gilt, bemerkenswerterweise, auch für Frauen: War das berufliche Engagement für sie die Hauptsache, so teilen sie im Alter die beobachtete Verunsicherung der Männer, leiden wie sie unter ihrem Rollen- und Statusverlust, erkranken häufig an einer Ruhestandsneurose und allerlei Krankheiten, für die sie zuvor keine Zeit hatten, und verhalten sich passiv, konsumbestimmt, bauen rascher ab, wissen dem Mangel an Anziehungskraft der künftigen Jahre nichts Eigenes entgegenzusetzen und haben folglich eine deutlich geringere Lebenserwartung als andere Frauen, für die Leben sich nicht in Streben erschöpfte.

Das übliche Stereotyp setzt Alter mit Abbau gleich. Die dominanten Muster denunzieren das Älterwerden, das mit dem Ende der beruflichen Laufbahn zu beginnen pflegt, als Leistungsminderung. Diese Sicht dient der Rechtfertigung jener gesellschaftlichen Desintegration, die mit der Pensionierung einsetzt. Wie aber soll diese Gesellschaft gesund heißen, wenn sie enorme Potentiale brachliegen läßt oder gar unterdrückt? Eine Vielzahl von »neuen Alten« sind Inhaber von unersetzlichen Kompetenzen. Obwohl barmherzig zu sein alles andere als unvernünftig ist, gebietet in diesem Fall nicht Barmherzigkeit, sondern Vernunft, sich das Potential der neuen Alten zugute kommen zu lassen, sie einzuweben in das gesellschaftliche Beziehungsgeflecht, statt sie in einem mehr oder minder komfortablen Ghetto abzusondern. Alle Entwürfe kommenden Zusammenlebens müßten auf das Inter-Esse der neuen Alten abzielen, auf ihr Dabeisein, auf ihre unverkürzte Zugehörigkeit.

Was die Menschen bei dem Gedanken an den Ruhestand beunruhigt, ist weniger die *Arbeits-* als die *Funktionslosigkeit.* Daher sollten – und zwar schon mitten im vollen Berufsleben – jederzeit Kräfte freigestellt und Möglichkeiten erschlossen werden, wie wir ihrer für die Bewältigung mannigfacher bevorstehender Aufgaben dringend bedürfen: Voraussetzungen für unbezahlte Arbeit, für ehrenamtliche Mitwirkung, für gesellschaftsbezogene Aktivität, also für eine Umwandlung weg vom zur Passivität verleitenden Versorgungssystem hin zu Lebensformen, in denen Eigeninitiative und Selbsthilfe blühen und gedeihen können. Der soziale Apparat ist überfordert, muß zusammenbrechen, wenn es nicht gelingt, die offiziellen Instanzen und Institutionen zu entlasten und statt dessen freiwillige Einrichtungen zu erfinden und zu etablieren. Arbeit und Prestige, Leistung und Erwerb, Dienst und Verdienst, Beschäftigung und Geschäft müßten zunehmend entkoppelt werden. Der Beruf sollte uns weniger beschlagnahmen, dafür jedoch nicht von heute auf morgen aufhören, wenn eine abstrakte Altersgrenze erreicht ist, sondern immer nur einen (wenngleich sehr wesentlichen) Teil unserer Existenz beanspruchen, so daß Zeit und Energie, Lust und Phantasie bleiben für möglichst zahlreiche Entfaltungschancen einer *vita activa.* Wir brauchen Menschen, die vieles von dem, was in einer durchorganisierten Gesellschaft nicht vorgesehen ist und daher unerledigt bleibt, ausrichten. Kein Lebensamt, so hat Albert Schweitzer gemeint, dürfe uns so ausfüllen, daß nicht noch Zeit bliebe für ein Nebenamt.

Ein Nebenamt ist allerdings mehr als ein Hobby. Und Ruhestand ist mehr als ein verlängertes Wochenende. Wer das eine mit dem anderen verwechselt, wer also vom Rentnerdasein die Freuden eines Freizeitparadieses erwartet, wird in Verlegenheit geraten. Das Leben in der modernen industriellen Gesellschaft ist eine schlechte Vorbereitung für die selbständige Gestaltung einer sinnreichen Muße im Alter. Die üblichen Angebote zur Unterhaltung, Zerstreuung und Erholung haben den Zweck der Einkehr oder der Ablenkung. Sie dienen als Ausgleich von Streß. Deswegen versagen sie, wenn sie plötzlich aller Lebensinhalt sein sollen. Ohne Gegengewicht wird Freizeit zur Faulzeit, zu einer beklemmenden Erfahrung, die allenfalls zum Zeit-Vertreib verleitet. Soll aber das Leben im Alter gefördert werden, so muß es gefordert werden.

Im übrigen: Arbeit, der keine Muße, Anstrengung, der keine Ruhe, Hektik, der keine Besinnung korrespondiert, sind so traurig und unfruchtbar wie Muße ohne Arbeit, wie Entspannung ohne Anspannung, wie Sonntag ohne Werktag. Sie bedingen einander. Auch das Kind braucht die Wechselwirkung von Arbeit und Muße, von Leistung und Spiel. Wer sie früh erlernt und im Beruf nicht verlernt, wird als Rentner seine Übung haben.

Unserer Arbeitswelt ist die Komponente der Muße, der Ruhe, des Spiels weithin abhanden gekommen. Sie hat maskulinen Charakter und steckt damit jede und jeden an, die und der an ihr teilhaben. Auch Frauen scheinen diesen krankmachenden Einfluß mehr und mehr in sich aufzunehmen. Was Gleichberechtigung darstellen soll, ist häufig nur Gleichmachung. Aber es könnte doch sein – und davon träume ich gelegentlich –, daß die aus der pathogenen Wirkung der Arbeitswelt entlassenen neuen Alten, ob weiblich oder männlich, ein Gegengift aufbieten, indem sie miteinander für sich entdecken, was Frauen immer schon besser wußten als Männer: daß man nicht lebt, um zu arbeiten, sondern daß man arbeitet, um zu leben. Vielleicht werden wichtige Impulse der *Frauenbewegung in eine Altenbewegung* übergehen. Vielleicht verändert sich außerhalb der nach maskulinen Normen aufgebauten Arbeitswelt das Verhältnis von Frau und Mann grundlegend. Vielleicht trägt die Befriedung der Geschlechter ein klein wenig zur Befriedung der zerspaltenen Menschheit bei. Vielleicht müssen die emsige Martha und die lauschende Maria nicht immer zwei einander ausschließende Charaktere, sondern können komplementär in jeder oder in jedem von uns vorhanden sein. Vielleicht sind die neuen Alten imstande, herkömmliche Rollenzuweisungen zu überholen und zusammen einen Prozeß einzuleiten, der sich nicht auf das sicherlich notwendige Umdenken beschränkt, sondern in dem das verwirklicht wird, was Christa Wolf das *Umfühlen* nennt.

Unsere industrielle Gesellschaft hat den funktionierenden Menschen protegiert, vielfach um den Preis eines sich erst im Ruhestand offenbarenden Persönlichkeitsdefizits. Die »nachindustrielle« Gesellschaft beginnt, Ausschau zu halten nach Werten, die unabhängig von den Chancen der Verwertbarkeit zu definieren sind. Die Frage, was der Mensch braucht, gewinnt an Rang gegenüber den Fragen, was er gebraucht und was er verbraucht. Die Suche nach Identität, nach Lebensqualität, nach Sinn und Sein statt nach immer mehr Haben deutet andere als die eingefleischten Orientierungen an. Die neuen Alten könnten, will mir scheinen, diese Tendenz maßgebend begünstigen.

Als ich siebzig war, konnte ich meines Herzens Regungen folgen – staunte Konfuzius. So ein Satz kann Vorfreude stiften. Konfuzius pries seine endlich erworbene Freiheit. Unsereiner, noch nicht so weit wie der Meister, kann ahnen und vorwegnehmen, was er meinte. Ich genieße tagtäglich die Chance, ohne Druck fleißig zu sein, selbstbestimmt zu arbeiten. Ohne die Miseren des Alters und seine nach wie vor deprimierende Wirklichkeit zu verkennen, sollten wir die Augen öffnen für den Sachverhalt, daß manch ein Verlust durch manch einen Zugewinn aufgewogen wird. Das Idol vom vollständigen Menschen verstellt die Einsicht, daß es keine Individualität ohne Invalidität gibt. Das trifft für alle Stufen des Lebens, insbesondere für die späten, zu.

So ist darauf zu achten, daß das Alter neben Belastung auch Festigung, neben Verzicht auch Bereicherung, neben Erstarrung sogar Avantgardismus, neben Rückbildung und Zerstörung unverhoffte Entfaltungs- und Gestaltungskräfte mit sich bringt. Viele Hemmungen und Spannungen, die zuvor unerträglich erschienen, lösen sich im Alter von allein.

Ein nur vom Manko bestimmtes Bild wird den tatsächlichen Konturen einer Alterspersönlichkeit niemals gerecht. Die Welt mag ärmer werden an Farben und Tönen, dafür aber klarer und durchsichtiger. Ist das Denken nicht mehr ganz so anschaulich und emotional, so wird es dafür besonnener sein und weniger gestört durch eine Überfülle plastischen Erlebens. Das Gedächtnis wird nicht in jedem Fall einfach nur schlechter, sondern im Grund wählerischer, es unterscheidet.

Zwar kennen wir die redselige Weitschweifigkeit alter Leute; nicht einmal Plato ist ihr in seinem letzten Werk »Die Gesetze« entgangen. Anders wiederum der alte Goethe: Einen poetischen Gedanken, den er jahrelang in sich genährt hat, drängt er in wenige Verse hinein: die Weite in eine Nußschale. Sprachknappheit als Sprachfülle. Und im Fernen Osten, wo die Kultur des Greisenalters auf den höchsten Gipfel gebracht worden ist, gibt es eine eigentümliche Kunstform: lyrische Gebilde, die aus nur siebzehn Silben bestehen. Das ist nicht summierte und wortreiche, sondern kondensierte Erfahrung, fast Schweigen.

Das Alter hat viele Gesichter, viele Sprachen, erschöpfte und schöpferische. Will Max Frisch nicht übersehen, »wie widerlich das Alter« ist, so kann Isaak B. Singer in seinen Novellen »Old Love« die verhaltene sinnliche Schönheit der späten Liebe rühmen. Die Untersuchung des Knochengerüsts von Thomas Mann brachte eine Verkalkung bis zum letzten Halswirbel zum Vorschein – aber seine Gedanken waren bis zum letzten Moment hellwach gewesen, unbeeinträchtigt von seinem körperlichen Zustand. Jeder hat sein eigenes Alter.

Den Beitrag, den wir von den neuen Alten zu erwarten haben, sehe ich nicht in der Bewahrung einer oft nur vorgetäuschten Harmonie, sondern in der Herstellung einer ergiebigen Spannung. Die neuen Alten, so ist zu wünschen, werden sowohl stabilisierend wie auch als ein Element der Unruhe wirken. Die Gesellschaft braucht ihr Anderssein, nicht ihre Angepaßtheit. Die neuen Alten sind selbstbewußt, anspruchsvoll, politikfähig und auf vielen Gebieten beschlagener als ihre Vorgänger noch vor dreißig oder fünfzig Jahren. Sie entdecken ihren speziellen Daseinssinn, ihre eigene Mündigkeit und werden dafür sorgen, daß sie angemessen leben, mitreden, wirken, wohnen, eben: Anteil nehmen können. Unerläßlich wird die rechtzeitige Einübung. Spätestens in den mittleren Jahren, in denen sich – von Männern meist unbemerkt, von Frauen empfindlich und aufgeschlossen wahrgenommen – eine Phasenablösung ereignet, ist zu präparieren, wie der spätere Lebensabschnitt gestaltet werden soll.

Erziehung der Gefühle und des Geschmacks, die Fertigkeit zu denken und zu lernen, die Kunst des Dialogs, in der das Hören dem Sagen überlegen ist, also all das, was Bildung und Kultur heißt, ist kein Luxus, kein Privileg, auch keine Illusion mehr, sondern Grundbedingung und Ziel einer humanen Altenpolitik. Immer mehr alte Menschen können sich eine Ehrgeizlosigkeit, eine Unbestechlichkeit, eine Wahrhaftigkeit, eine Selbstachtung, einen Humor erlauben, die sich in einer durch das Leistungsprinzip geprägten, strapazierten und entfremdeten Gesellschaft als erfrischend und befreiend erweisen könnten. Sie erfreuen sich des Vorzugs, die Zwänge der Karriere und der Konkurrenz hinter sich zu haben.

Der die Zunge ausstreckende Albert Einstein versinnbildlicht die Unerschrockenheit und Despektierlichkeit der Alten. Autoritäres Gehabe können sie belächeln. Liebedienerei erübrigt sich. Vortäuschungen werden leichter durchschaut. Die »Grauen Panther« und ähnliche Gruppierungen vermitteln schon jetzt einen Vorgeschmack auf die Art und Weise künftiger Mitsprache der emanzipierten Alten. Sie werden mit Courage und ohne devot sein zu müssen, vielmehr mit Witz, oft sogar mit Frechheit ihre Nach- in Vorteile, ihre Not in Tugend ummünzen. »Kein Polizist wagt es, uns zusammenzuschlagen!« sagen sie und gehen, in militanter Wehrlosigkeit, mit Jugendlichen auf die Straße und ins Gefängnis. »Unsere Gebrechen sind unsere Waffe.« Sie wollen – in einer reizvollen Mischung aus Wut und Mut – bewußt einen politischen Einflußfaktor darstellen, um eine fortschreitende Asozialisierung der Alten aufzuhalten.

Großeltern und Enkel – das war immer schon ein bemerkenswertes, oft augenzwinkerndes und hinter den Rücken der Eltern vollzogenes Bündnis. »Ach, bleibt so klug, wenn ihr erwachsen seid«, ermuntert einer, der Kinderbücher schrieb, weil er die Erwachsenen nicht reif genug fand, Erich Kästner, die Kleinen, denen er beim Spiel zuschaut. Die Klugheit der Kinder ähnelt der Klugheit der Alten. Neurophysiologen wollen sogar Übereinstimmungen in der Funktionsweise des jungen und des alten Gehirns beobachtet haben. Vielleicht ist es die Nähe zum Anfang und die Nähe zum Ende, die Kinder und Greise verbindet. Nur Menschen übrigens haben Großeltern. Die Tierwelt kennt sie nicht.

Aber zu diesem Bündnis zwischen Großeltern und Enkeln – einem besonders schönen Exempel für die Verfeinerung von Natur in Kultur – gesellt sich neuerdings eine Koalition zwischen jungen und alten Erwachsenen, die eine ganz andere Dimension hat. Der »vaterlosen Gesellschaft« wachsen hier und da Großväter zu, Sokrates-Figuren, mit denen man gern das vorurteilsfreie Gespräch sucht, zornige alte Männer, deren gerettete Jugendlichkeit sich mit Reife, deren Erfahrung sich mit Offenheit, deren Nonkonformismus sich mit Verläßlichkeit, deren Toleranz sich mit Radikalität, deren Bewußtsein von Tradition sich mit Bereitschaft zur Veränderung verträgt. Stellvertretend haben viele Alte, Männer wie Frauen, eine Aufgabe übernommen, die eigentlich die Gesellschaft als ganze zu praktizieren hätte: eine Verantwortung für die bedrohte Lebenswelt derer, die nach uns geboren werden. Die erschreckende Abwesenheit von Sensibilität, die Unfähigkeit der jetzt herrschenden Generation, sich lebensgefährlichen Entwicklungen, die wir weltweit durchmachen, vital zu widersetzen, fordert die Kritik und den Protest derer heraus, die freier sind als diejenigen, die an den Hebeln sind und bleiben wollen. Viele alte Menschen werden zu Vertrauensträgern für um eine lebens- und liebenswerte Zukunft besorgte junge Menschen. Natürlich wird man ihre Pro-Vokation stets zurückweisen mit der besserwisserischen Geste: Die haben gut reden ... Ja, vielleicht haben sie wirklich »gut reden«, können auch gut denken, so daß gut beraten wäre, wer auf sie hörte.

In allen komplexen Kulturen gab es so etwas wie einen Senat, als sichtbare oder unsichtbare Einrichtung, wohl mit Autorität, aber durchaus nicht partout mit Macht ausgestattet. Der Rat eines solchen Senats wird heutzutage um so mehr Gewicht haben, als er auf den Anspruch einer Position im Kräftespiel der Positionen verzichtet. Um Partei *nehmen* zu können, sollten wir Alte davon absehen, Partei zu *sein.* Denn nicht das Amt, nur das Argument wiegt. »Wenn ein alter Mensch die Erde verläßt«, so lautet ein afrikanisches Sprichwort, »ist es, als verbrennte eine ganze Bibliothek.« Wie eine Bibliothek steht der Rat der Alten, steht ihr Wissen der Gesellschaft zu Gebote. Man *kann* sich ihrer bedienen, man *muß* es nicht.

Fontane über seinen Vater: »Denn wie er ganz zuletzt war, so war er eigentlich.« Manchmal lernt man Menschen kennen, für die diese schöne Kennzeichnung zutrifft. Und es lohnt sich, bei ihnen zu verweilen. Menschen, die spüren, daß ihr Leben sich neigt, bedrückt oft der Gedanke an die ungewisse und gefährdete Zukunft, der Gedanke, nicht bei denen bleiben zu können, um die sie sich sorgen. Mit dem Bewußtsein, nicht mehr viel Zeit zu haben, wächst ein Trennungsschmerz, der Kummer, allein lassen zu müssen, die man liebt. Die Trauer der Hinterbliebenen nimmt derjenige, der von ihnen geht, bereits vorweg. Er weint nicht um sich, sondern um sie. Mit der Ahnung des Todes (und ich setze sie bei uns allen voraus) beginnt ein Abschiednehmen – zumeist schweigend, um die Umgebung zu schonen. Ich habe das erlebt. Und jeder von uns erinnert sich an manch ein Adieu, dem kein Wiedersehen folgte. Der oder die »hat schon den Blick von drüben«. Diesen Ausdruck habe ich als Kind häufig gehört. Seine Hintersinnigkeit hat mich oft in Grübeleien versetzt. Das war nicht metaphysische, sondern metaphorische Sprache, zumal sie – bei mir zu Hause – plattdeutsch daherkam, einleuchtend, ohne einen Beweis führen zu können oder zu wollen.

»Drüben« meint nicht nur »oben«, sondern »vorn«. Nach chinesischer Weisheit begegnen die Alten den Jungen mit dem Gruß: »Es ist schon später, als du denkst.« Das Heute ist bereits Vergangenheit. Die Zukunft ist längst am Werk. Jüdische Philosophie des Mittelalters hebt als besondere Begabung alter Menschen die sensorische Fähigkeit hervor, »im Winter des körperlichen Lebens die Möglichkeit des kommenden Frühlings zu erspüren«. Bei den Griechen werden die Seher als sehr alt dargestellt; nicht selten auch als blind; sie schauen nach innen, um zu erkunden, was naht. Sie können – unbeeindruckt von der sogenannten Macht des Faktischen – leise Signale empfangen, die melden, daß das, was ist, nicht alles ist, also auch anders und sogar besser werden kann. Sie fügen dem Wirklichen das Mögliche hinzu und greifen damit eine Denk- und Lebensweise an, die unsere Zeit bedenklich prägt und die ich die *Weltferne der Realisten* nenne.

Die Welt und der Mensch sind mehr, als sie sind. Sie sind in keinem Punkt schon das, was sie sein und möglicherweise noch werden können. Diese Nachricht könnten uns die lebendigen Alten, die nicht stehengeblieben sind und nicht zu wachsen aufgegeben haben, vermitteln. Wir hätten sie ziemlich nötig.

Lesen, um zu leben

MEINE BÜCHER UND MEINE ZEIT

Was machst du mit diesen vielen Büchern? Die Frage habe ich bis zum Überdruß oft gehört.

Sie sind meine Altersversorgung.

Wie das?

Sie werden mich im Ruhestand unterhalten.

Die Zeit ist nun gekommen. Ich habe meine Bücher neu sortiert. Es haben sich in viereinhalb Jahrzehnten immerhin reichlich zwölftausend Bände angesammelt. Die Sachbücher waren rasch geordnet. Auch die Philosophen standen bald an Ort und Stelle. Nicht so die nutzlose, die sogenannte schöne Literatur. Sie hält auf. Wie jeder Büchernarr blieb ich immer wieder stecken. Vergessenes kommt zum Vorschein, Ungelesenes bleibt einstweilen ungelesen, befindet sich weiterhin auf der Warteliste, Vertrautes wird plötzlich mit anderen Augen, anderen Gedanken, anderen Gefühlen wahrgenommen.

Zum Beispiel Max Frisch. Er ist wie sein Name, obwohl ich einmal angenommen hatte, ihn ausgelesen, also hinter mir zu haben. Wer ist nicht mehr derselbe wie bei der ersten Lektüre: Stiller oder ich, Faber oder ich, Gantenbein oder ich? Frisch, der sein »Schreibrecht niemals in seiner Person, nur in seiner Zeitgenossenschaft begründet« sah, stiftete zwischen sich und seinen Lesern eine Mitwisserschaft, eine *conscientia.* Er hat in Romanen, Stücken und Tagebüchern unsere Welt, unser Leben gedichtet. Wer ihn mag, trifft und erkennt sich selbst in seinen Werken, als einen wie er Fragenden. Oder Ignazio Silone: auch er ein alter Bekannter, von dem ich finde, daß seine Gesichtszüge schöner geworden sind. Ich begnüge mich in der Wiedersehensfreude nicht mit »Wein und Brot« und »Eine Handvoll Brombeeren«, sondern vergesse mich bei »Das Geheimnis des Luca« und empfehle seither jedem, der vorbeikommt: Verzichte einen Abend aufs Fernsehen, opfere überdies eine Nachtruhe, lies diese Geschichte einer Liebe, die von allen wunderbaren Geschichten einer Liebe vielleicht die wunderbarste ist.

Und dann all die Hausheiligen: Hebel und Brecht mit ihren Kalendergeschichten, Claudius und Kästner mit ihrem Wiegenlied, und wie sie alle so unschuldig und wehrlos dastehen, jeder paßt zu jedem, keiner zum andern: Mörike, Keller, Heine, die Grimms, dann mein Lessing und (ich habe ihn auf die Seite gestellt, weil ich ihn demnächst von A bis Z repetieren will) Fontane; die Franzosen, die Russen, einige Engländer. Nicht zu vergessen schließlich die Gegenwartsautorinnen und -autoren, denen ich begegnet, mit denen ich also nicht nur durch ihre Bücher verbunden bin und deren Stimmen ich höre, wenn ich sie lese: Lenz und Jens, Böll, Koeppen, Sperber, Domin, Canetti, Améry, Seghers, Andersch, Hildesheimer, Schnabel, Walser – nichts gegen Martin, aber ich meine jetzt Robert, den respektablen Taugenichts dieses für Tauglichkeit zuständigen Jahrhunderts. Und so weiter. Ich hörc auf. Die Aufzählung meldet vor allem Lükken. Aber sie wollen eben manchmal einfach hergesagt werden, die Namen der Menschen, mit denen man umgeht. Gerne folge ich Flaubert und nenne es ein Vergnügen: zu lesen, nicht um zu lernen, sondern um zu leben. Bisher habe ich, von Berufs wegen, Bücher besprochen; jetzt, im noch ungewohnten Ruhestand, besprechen sie mich.

Es war einmal – Siegfried Lenz und andere Erzähler wollen das wissen – ein alter Mann. Ein

Bauer in Masuren oder in den Abruzzen oder sonstwo. Er lag bäuchlings auf dem Boden, hatte ein Buch vor Augen, begleitete mit dem Zeigefinger jede Zeile, jeden Buchstaben. Es war Krieg, Soldaten stürmten mit dem üblichen Geräusch in sein Stübchen und kitzelten ihn mit ihren Bajonetten. »Nur noch anderthalb Seiten«, bat er, ziemlich ungestört und ohne seine Haltung zu verändern. Einer drückte ihm die kalte Gewehrmündung in den Nacken. »Bloß eine Seite«, schlug er nun vor. Und weiter liefen Augen und Finger von links nach rechts. Die Eindringlinge sahen sich an, verblüfft, dann erschrocken. Sie kannten nicht den Zauber oder die Macht des Buches. Sie waren gekommen, einem alten Mann Angst einzujagen. Er war aber gerade anderweitig beschäftigt, mit einem Gegenstand, der ihm die Angst vorenthielt. Und so kehrte sie, die Angst, zu den Angstmachern zurück. Hals über Kopf suchten die Helden das Weite.

Sein Buch kenne ich nicht. Es gibt ohnehin nicht »das« Buch. Es gibt nur die Bücher. Auch die Bibel ist eine Bibliothek, hat zahlreiche Verfasser, extrem verschiedene und streitbare dazu. Eine Bibliothek ist ein Palaver, keiner hat das letzte Wort. Sie ist ein Universum, hat kein Ende, ist Leben, trotz des Sterbens, von dem sie hinlänglich Bescheid gibt. Eine abgeschlossene, eine beendete, eine fertige Bibliothek ist ein Widerspruch in sich, ist ein Gebeinhaus, als sei nicht immer noch ein Lebenszeichen, eine Ergänzung oder Entdeckung zu erwarten, zu erhoffen. Eine Bibliothek ist ein Friedhof, ja, aber ein Friedhof mit der Chance der Auferweckung. Plato kann plötzlich da sein. Oder Erasmus. Oder Voltaire. Oder Schopenhauer. Oder Freud. Oder Heinrich oder Thomas oder Klaus Mann. Ich schlage ein Buch von ihnen auf, und schon ist ein Austausch in vollem Gange. Lesen ist eine Manier des Mitschreibens. Oder, wie Novalis sagt: »Der wahre Leser muß der erweiterte Autor sein.«

Der Anblick von Büchern macht neugierig. Aber er kann auch beunruhigen. Stifter verschloß sie hinter schweren Holztüren. Hesse empfing seine Gäste in der Bibliothek, weil sie das Klima für die gewünschten Gespräche bot. Ich bewege mich, wenn ich bei mir von Buch zu Buch, von Autor zu Autor, von einer entlegenen Zeit und Welt in die mich bedrängende Gegenwart gehe, in einer illustren Gesellschaft, in der Nähe von

Menschen, die anders oder mehr sind als ich, die mir nicht bloß Informationen liefern, sondern mit denen zu verkehren wie von ungefähr eine ständige sanfte Existenzerweiterung bewirkt.

Montaigne, der seine Bibliothek in einem Turm im dritten Stock aufgestellt hatte, um unabgelenkt bei den großen Geistern verweilen zu können, hielt es so: »Da blättere ich bald in diesem Buch, bald in einem andern, ohne Ordnung, ohne Plan und ohne Zusammenhang; bald hänge ich meinen Gedanken nach, bald streiche ich eine Stelle an und diktiere im Auf- und Abgehen meine Träumereien.« Neben dem »geneigten Leser«, der durch die Vertiefung in einen Lesestoff eine Entführung aus seiner Umgebung erlebt, gibt es auch den wandelnden, den Spaziergänger, der seine Bücherfront abschreitet und hier und da eine Inspiration auffängt, um desto besser seiner eigenen Straße ziehen zu können. Beide Typen des Lesens sind mir lieb.

Wer liest, sollte wohl bei sich sein. Doch er kann nicht ganz und gar mit sich beschäftigt sein. Er muß aufgeschlossen sein und »etwas übrig haben« für anderes und andere. Sein Ich vergewissert sich und wächst in der – möglicherweise sogar schmerzlichen – Begegnung und Auseinandersetzung mit weiteren Ichs. Daher erfüllt sich der nobelste Sinn einer Hausbibliothek nicht in der Aneignung von Wissen, sondern im Umgang mit Wissenden. Notabene: Wissen, das hier gemeint ist, war einmal unzertrennlich mit Ahnen verbunden. Das Wissen ohne Ahnen, das heute allenthalben gelehrt wird, ist so lamentabel wie das raunend verkündigte Ahnen ohne Wissen.

Wenn ich zu meinen Büchern gehe, höre ich den Zwerg im Märchen von Rumpelstilzchen: »Laß uns vom Menschen reden, etwas Lebendiges ist mir tausendmal lieber als alle Schätze der Welt.« Laß uns vom Menschen reden! Ich habe eine Vorliebe für biographische Literatur, für Chroniken gelebten Lebens. Sie sind Mit-Teilung in der doppelten Bedeutung: daß sie etwas zur Kenntnis und daß sie etwas in Erfahrung bringen. Sie bieten etwas an, was weitergedacht und weitergemacht sein will, Geschichten zur Fortschreibung, die bei jedem Leser anders lautet. Sie sind Erinnerung und Ermunterung zugleich, dienen der *vita contemplativa* wie der *vita activa.*

Biographien sind nicht leicht zu schreiben. Der Neigung zur Idealisierung sind wenige Biographen entgangen. Sie tun ihren »Helden« damit unrecht. Sie entrücken sie, stellen sie auf ein Podest, so daß man zu ihnen aufschauen muß, obwohl man sich ihnen lieber verwandt und von ihnen verstanden fühlen würde. Aber es geht auch anders. Carola Stern himmelt ihre Dorothea Schlegel (alias Brendel Mendelssohn, alias Brendel Veit) keinesfalls an, rügt sie, wenn's sein muß, wendet sich ab und wieder hin und bleibt bei allem Abstand voller Sympathie, voller Mitgefühl, voller Anteilnahme und Temperament, als wollte sie dazwischenfahren. Hier werden Größe und Makellosigkeit, auch Faszination und Kritiklosigkeit nicht verwechselt. Die famosen Leute, welche die Biographen beschreiben, werden aus dem Staunen nicht herausfinden, wenn sie im Lesesaal des himmlischen Literaturhauses nachschlagen, was alles sie gewesen sein sollen. Dabei haben sie natürlich ihre Schatten, ihre Abgründe, ihre Unzulänglichkeiten, ihre Platitüden, und Lichtenberg rät, ihre Schwachheiten bekannt zu machen; denn »man richtet damit Tausende auf, ohne jenen zu schaden«.

Die Biographie ist Literatur, ohne Dichtung zu sein. Sie verlangt von ihrer Autorin oder ihrem

Autor ein Einfühlungs- und Gestaltungsvermögen, mit dem die der Geschichtsschreibung verordneten Grenzen überschritten werden. Eine Affinität des Biographen zu der Figur, deren Lebensspur er nachzeichnet, ist unerläßlich, Verehrung dagegen mißlich, weil dann die Autorin oder der Autor zur Hauptperson wird. Wir wünschen uns die Gesichter, die unsere biographischen Schriftsteller porträtieren, ohne Make-up; denn wir erkundigen uns nach Lebensläufen jener Vorfahren, die unsere heutige Zeit mit vorbereitet und die in sie hineingewirkt haben und ohne die wir nicht wären, was wir sind. Alle Generationen vor uns haben kleine messianische Impulse in die Welt gesetzt und uns beauftragt, sie zu vermerken und zu verstärken. Rilkes Überlegung, ob wir ohne unsere Toten leben könnten, wird ein Liebhaber der Biographie verneinen. Wer die Toten tötet, tötet ihre – und damit unsere – Hoffnungen.

Eine alte jüdische Geschichte berichtet von einem Mann, der einen weiten Weg zurücklegte, um zu einem chassidischen Meister zu gelangen, und der auf die Frage, ob er sich der Mühe unterzogen habe, um des Lehrers Lehre kennzulernen, erwiderte: »O nein, ich wollte nur sehen, wie er sich die Schnürsenkel zubindet.« Das will besagen: Eine winzige Geste, die Art, wie einer sich im kleinen zu sich und anderen verhält, kann von einem Menschen mehr zu erkennen geben als die eminenteste Lehrveranstaltung. Das Interesse des Mannes, der den Meister aufsuchte, gleicht dem Interesse der Leserin oder des Lesers von Biographien.

Laß uns vom Menschen reden. Sein Leben kann richtig oder verkehrt verlaufen, er kann es verfehlen oder entfalten. Die alten Philosophen haben sich um das Gelingen des Lebens bemüht, um das Einvernehmen mit den uns innewohnenden Kapazitäten. Die Menschen »führen« ihr Leben. Es fällt ihnen nicht in den Schoß. Paveses Tagebuch heißt »Handwerk des Lebens«. Es geht um Arbeit, um Probieren und Studieren. Wie der Bildhauer sein Material prüft, auskundschaftet, um es nicht zu vergewaltigen, so wird auch das Handwerk oder die Kunst des Lebens Geduld und Beharrlichkeit, Phantasie und Exaktheit verlangen, um vieles hervorzubringen, was in uns angelegt ist. Die Kunst des Lebens ist die Kunst des Möglichen. Sie bringt Vorhandenes, aber

Verborgenes an den Tag. Ihr Gegenstand ist unfertig, wird niemals fertig sein. Sie gibt nicht auf. Ohne Hoffnung wäre sie am Ende.

Ich sagte: Lesen, um zu leben. Aber ist nicht unsereiner, der liest, nach wie vor dem Verdacht, dem Vorbehalt ausgesetzt, daß Lesen ein Luxus sei, kultivierte Faulenzerei? Was mögen auch die Nachbarn von einem Mann halten, der am hellichten Tag im Garten sitzt, Eichendorffs köstlichste Erzählung, nämlich »Aus dem Leben eines Taugenichts«, lesend? Oder wenn am nächsten Tag Joseph Roths »Legende vom heiligen Trinker« auf seinem Liegestuhl zu sehen ist? Und zufällig geriet Felix Timmermans' »Pallieter« nach langen Jahren wieder einmal in meine Hand. Pallieter, der das Nichtstun über alles schätzte und beherrschte, könnte, wenn er lachend im Schatten eines Baumes ruht, mißtrauisch gefragt werden: »Was tust du da?« Seine Antwort: »Ich bin.« Er ist die Verkörperung einer puren Lust zu leben, dieser Pallieter. Solche Literatur zu lesen, kann bedeuten: ein wenig von ihr angesteckt zu werden. Manchmal geschieht es, daß ich, wenn ich lese, von Herzensgrund staune, daß ich bin.

Der Erfinder des Taugenichts war Jurist, preußischer Beamter. In seiner Novelle skizzierte der Romantiker die ihm nicht vergönnte Gegenwelt. Er schuf einen Tagedieb des lieben Gottes, der Vögeln und Mühlrädern lauscht, der mit Geige und wenigen Groschen auszieht, das zwanglose Leben zu kosten. Er imponiert oder amüsiert uns zwar, dieser gutartige Anarchist; indessen Gefahr, der Taugenichts könne Vorbild werden, ist nicht zu wittern. Das Nichtstun will uns heute schwerer gelingen denn je.

Unser Leben spielt sich in der sogenannten Arbeitswelt, in der sogenannten Leistungsgesellschaft ab. Ihr Rhythmus bestimmt und imprägniert es ganz und gar, auch wenn wir ihr, wie ich, im Ruhestand entkommen zu sein scheinen oder meinen. Der Mensch wird nach dem Maßstab seiner Arbeit, seiner Leistung eingeschätzt. Wer nicht arbeits- oder leistungsfähig ist, ist ein Außenseiter, ein Randsiedler, ein Sozialfall. Er wird wohl ertragen, aber nicht als vollwertig anerkannt. Wird jemand krank, so spricht man von Ausfall. Nimmt jemand Urlaub, so regeneriert er sich für den Job. Wird jemand alt, so gleicht Fürsorge sein Manko möglichst unauffällig aus. Daß der Kranke oder der Reisende oder der Alte jeweils eine eigene Dignität hat, daß er also als solcher, als Kranker, als Reisender, als Alter wie jeder andere eine dazugehörende Daseinsfunktion im gesellschaftlichen Organismus hat – zu dieser Einsicht, für dieses Bewußtsein bedarf es noch einiger Reifung. Die Welt kann gar nicht ohne sie sein.

Der Mensch ist auch Mensch, wenn er ruht. So wenig er nur arbeitet, um zu ruhen, so wenig ruht er nur, um wieder arbeiten zu können. Die Ruhe hat ihren Selbstzweck. Der Schlaf wird oft bloß als Entmüdung begriffen. Aber er ist ein Zustand, der seinen Wert in sich hat. Schlaf ist eine Spielart des Seins wie das Wachen und das Wirken. Leben besteht aus Ruhn und Tun. Es geschieht so viel, wenn einer schläft. Doch wenn er aufwacht, hat er die eigensinnige, die ehrgeizige Vorstellung, jetzt erst geschähe das Wichtige, und zwar durch ihn oder wenigstens mit ihm. Durch unsere rastlose Wachheit bringen wir uns übrigens um einen Anblick liebenswertesten Vertrauens: um den des Schläfers. Nie vergesse ich die Gesichter meiner Kinder, wenn ich früher in der Nacht noch einmal an ihre Betten trat.

Das Nichtstun kann eine Weise besonders aufmerksamer und wohlwollender Wahrnehmung der Wirklichkeit sein. Man wird hellhörig und kommt der anderen Kreatur näher. Pallieter war nicht nur Freund, sondern ein Teil der ihn umfangenden Schöpfung. Ob jemand liegt oder steht, ob jemand fährt oder fliegt, ob jemand schwimmt oder wandert, ob jemand »im Walde so für sich hin« geht oder ein Ziel anstrebt – immer wird dieselbe Welt anders erlebt. Es gilt einen Sinn für all unsere Sinne und ihre unterschiedlichen Betätigungen zu entwickeln.

Da wir uns auf die Tugend des Tuns bis zur Perfektion verstehen, sei eine Einübung in die Tugend des Nichtstuns empfohlen. Doch das ist leichter gesagt als getan. Wo ist Ruhe, wo Zeit? Mehr noch: *was* sind Ruhe und Zeit? Zeit nimmt in dem Maße zu, in dem uns Ruhe abhanden kommt. Freizeit ist allzuoft vergeudete Zeit: Ödnis, Langeweile, Einsamkeit, Unlust. Sie ist nur die andere Seite der Hast, der Hektik – statt ihr Gegenpol, ihre Alternative zu sein. Nie in der Geschichte der Zivilisation verfügte der Mensch über so viel freie Zeit wie heute. Nie aber wurde so viel über Zeitknappheit geklagt wie heute.

Ich habe keine Zeit, sagen alle. Das ist, genaugenommen, ein Todesurteil. Denn wir sind nicht anders als in der Zeit. Aber unser Verhältnis zur Zeit dürfte sich grundlegend verändert haben und gestört sein. Sie ist fraglich geworden. Die Kunst lehrt es, die Wissenschaft auch. Zeit wird als unzuverlässig erlebt. War sie einmal Bürge für die Kontinuität des Lebens, ein Name für das, was Dauer hat, so ist sie nun ein Inbegriff der Unsicherheit, der Unberechenbarkeit, der Unheimlichkeit. Die überkommenen Maße, mit denen wir die Zusammenhänge von Raum und Zeit benennen konnten, sind großenteils zerronnen.

Das Rätsel der Zeit, seit eh und je von den Denkern begrübelt, ist durch die Technik zu einer Irritation geworden, bei deren Klärung Philosophie kaum zu helfen vermag. Die Frage lautet nicht, ob wir zuviel oder zuwenig Zeit haben, sondern: Wie können wir die Fähigkeit erlangen, mit der uns zugemessenen Zeit adäquat umzugehen und auszukommen? Wie können wir Übereinstimmung herstellen mit den Möglichkeiten und mit den Grenzen, die uns die Zeit gewährt? Entweder keine Zeit zu haben oder mit ihr nichts anfangen zu können – das deutet auf denselben Defekt hin, ist eine und dieselbe Krankheit. So mag es nicht abwegig erscheinen, das Talent, Tun und Nichtstun bedachtsam auszuloten, als eine wünschenswerte Tugend zu bezeichnen und zu propagieren. Statt die Zeit davoneilen zu lassen oder ihr selber davonzueilen, müßten wir sie uns zu eigen machen, als unser hohes Gut.

Ihr Sinn ist die Ermöglichung des Menschseins. Der Mangel an Zeit bedeutet immer Einbuße an Menschlichkeit, weil die heilsame Verknüpfung des nicht mehr Seienden mit dem noch nicht Seienden versäumt wird. Der Mensch, der keine Zeit hat, ist ohne Geduld, er ist eine Eintagsfliege, unbesorgt um das, was war, aber auch um das, was wird. Er gibt keine Antwort, lebt ohne Verantwortung und ist außerstande, »das Zeitliche zu segnen«.

Ich habe das Nichtstun gepriesen. Bei der Suche nach einem gemäßeren Ausdruck fällt mir nur einer ein, der auch nicht genügt und nicht hoch im Kurs steht: Muße. Ich greife ihn, in Ermangelung besseren Sprachschatzes, auf. Muße ist mehr als Nichtstun, wie Schweigen mehr ist als

Nichtreden. Muße ist nicht Leere; sie ist eher die geglückte Stunde, der geglückte Tag. »Der Augenblick ist mein«, betont Gryphius. Nichts sonst vielleicht, aber der Augenblick. In ihm sind die Zeit und ich einig, innig. In diesem Augenblick ist mir die Zeit weder fremd noch feindlich. Aber was ich ihm, was ich der »Minute ausschlage«, gibt nach Schiller »keine Ewigkeit zurück«, es ist verloren. Apropos Ewigkeit. Als man noch über sie nachdachte, hat man sie keinesfalls als Zeitlosigkeit, sondern als Zeitfülle, als erfüllte Zeit verstanden.

Muße ist das völlige Gegenteil von Langeweile. Daß Muße fehlt, ergibt sich aus dem Umstand, daß die Unerträglichkeit der Langeweile zu all den Aktivitäten verleitet, die uns behilflich sind bei dem Bemühen, die Zeit totzuschlagen. Das Wort Muße, sagt man, steht sogar in einer Beziehung zu müssen. Muße meint jedenfalls eine innere Produktivität, bedeutet Sammlung statt Zerstreuung. Sie ist nicht erschöpfte, sondern eine schöpferische Ruhe. Diese Muße ist kein Widerspruch zur Arbeit, eher ihr Hintergrund, vielleicht sogar ihre Urbedingung. Arbeit ohne Muße befindet sich auf dem Weg zum Robotertum. Arbeit, der die Muße entspricht und die der Muße entspringt, wird eine Tendenz zur Humanisierung haben. Die Werke der Muße haben die Geschichte der Menschheit doch wohl deutlich mehr bereichert als die Summe der Babylonischen Türme.

Und da bin ich noch einmal bei meinen Büchern. Denn keines ist ohne Arbeit entstanden. Aber die besten setzen Muße voraus und versagen sich uns, wenn wir ihnen keine Muße widmen. Das Inbild des Menschen, der Muße hat, dürfte eine Lesende oder ein Lesender sein. Der schönste Zweck des Buches ist es, das *colloquium cum anima sua* anzuregen, das ist das, leider verlernte, Zwiegespräch mit der eigenen Seele. Das kann unerschöpflich sein. Wir sind immer auf der Suche nach uns selbst. Wir sind in keinem Moment schon das, was wir sein können und womöglich noch werden. Jeder von uns lebt im Bewußtsein der Vorläufigkeit, der Entwicklungsbedürftigkeit, aber auch der Entwicklungsfähigkeit. Ich bin neugierig auf mich. Ich weiß, daß mehr in mir ist, als ich bis heute zum Vorschein bringen konnte. Bücher können Geburtshelfer sein. Sie sind wie Freunde.

Und doch: Gefragt, ob er es vorziehen würde, nur mit Büchern oder nur mit Menschen zu verkehren, hat sich Martin Buber, nachdenkend und keineswegs auf der Stelle, zugunsten der letzteren ausgesprochen. Zwar kämen ihm rein erfreuliche Bücher weit häufiger in den Weg als rein erfreuliche Menschen. Doch er habe, schreibt er, von Büchern nichts gewußt, da er zur Welt kam, und er werde und er wolle ohne Bücher sterben, die Hand eines Menschen in der seinen. »Jetzt freilich schließe ich zuweilen die Tür zu meiner Stube und ergebe mich einem Buch, aber nur, weil ich die Tür wieder öffnen kann«, und ein Mensch sieht mich an.

Ich muß doch jemand haben

ÜBER DIE LUST, BRIEFE ZU SCHREIBEN

Es ist eigenartig: Mit dem Tagebuch habe ich kein Glück. Ich habe es beharrlich mit ihm probiert. In den Jahren, in denen ich allein leben mußte, wollte ich mich – statt der Sprachlosigkeit anheimzufallen – mitteilen. Aber wem?

Nicht für andere, sondern für mich führe ich Tagebuch. Das ist schon sehr viel. So habe ich meinem Tagebuch einiges zu danken: Sammlung, Klärung, Selbstprüfung, Erinnerung. Nur Mit-Teilung ermöglicht es nicht. Es fehlt ein Empfänger. Durch die Wahrnehmung, daß der Bereitschaft, sich im Tagebuch so weitgehend wie sonst nie zu öffnen, kein Widerhall folgt, kann man sich seiner Einsamkeit noch bewußter werden.

Ist Thomas Mann, dieser wohl pünktlichste Tagebuchhalter unseres Jahrhunderts, Verfasser eines Romans, so entwirft er Leben, gestaltet Szenen und begibt sich in die Gesellschaft der Figuren, die seine Einfälle hervorbringen. Ist er Verfasser seines Tagebuchs, so zählen die Fakten anstelle der Fiktion; er hält sich möglichst streng an die Tatsachen, ist ein Fanatiker der Ehrlichkeit, registriert und analysiert, ohne sich zu schonen, und bringt eben das zu Papier, worüber man nicht spricht, jedenfalls nicht zu Lebzeiten.

Im Tagebuch ist nicht die Phantasie des Erzählers, sondern die Genauigkeit des Protokollanten gefragt. Blättere ich in meinen Niederschriften, so kehren meine Beobachtungen und ihre Beurteilung wie ein Bumerang zu mir zurück. Sie geben nur das her, was sie von mir haben. Ich treffe in jeder Zeile »lediglich« mich selber. Es ist wie beim Spiegel. Ich sehe mein eigenes Gesicht, keines, das meine Neugierde weckt, keines, dessen Mund ruhig bleibt, während meiner sich bewegt.

Ganz anders verhält es sich mit dem Brief. Er hat ein Gegenüber. Ich wende mich jemandem zu. Auch wenn der Brief kein Echo haben sollte, so ist er doch auf Ankunft und Wirkung bedacht. Ein Geben und Nehmen beginnt. Worte werden auf den Weg gebracht, die sich erst in Antworten vervollkommnen. So ist letztlich ein Brief erst fertig, wenn der Gegenbrief sich hinzugesellt hat. Es gibt derart komplette Brief*wechsel*, sehr namhafte und großartige sogar; doch sie sind die Rarität, und wir müssen mit Bruchstücken vorliebnehmen. Bruchstücke haben den Vorzug, unserer Phantasie Spielraum zu gewähren, zu bescheren.

Im Brief findet Zwiesprache mit einem Abwesenden statt, Dialog oder Disput auf Distanz. Wenn ich mich anschicke, einen Brief zu schreiben, bleibe ich nicht einfach bei mir. Ich stelle mir den Adressaten vor, richte mich auf ihn ein, gehe auf ihn zu, wähle die zwischen ihm und mir übliche Umgangsform und male mir seine Reaktion aus. Ja, eigentlich ist er Koautor, ist trotz Entfernung zugegen.

Ich werde gern leutselig im Brief und beschränke mich nicht auf das Nötigste. Ein Telegramm ist wortkarg. Es verknappt die Sprache gewalttätig zu purer Information. Das lateinische Wort »brevis«, das auch im englischen Adjektiv »brief« und im französischen »bref« vorhanden ist, meint zwar »kurz«, und dieser Bedeutung entsprach ursprünglich die Praxis. Aber die Entwicklung der Kunst des Briefeschreibens sorgte dafür, daß hier die beredteste Schriftsprache überhaupt entstand. Mangel an Überfluß – das wäre Armut.

Der Brief nötigt mich zur Artikulation meiner Gedanken, die ich im Kleistschen Sinn beim

Schreiben allmählich verfertige. So gibt er mir Gelegenheit zur Selbstkonstitution, die ein Visavis voraussetzt. Ich wende mich im Brief nicht an eine anonyme, eigentlich unvorstellbare Leserschaft, sondern habe eine konkrete Person vor Augen. Dabei konstituiere ich nicht nur mich, sondern auch den Mitmenschen, dem ich mich widme. Mein Ich und ein Du gehen eine Korrelation ein.

Matthias Claudius, der indirekten und selbstgefälligen Sprache müde, erfand den Vetter Andres, dem er Briefe über Gott und die Welt zudachte: »Kann doch nicht so ins Blaue schießen, muß doch jemanden haben, nach dem ich ziele . . .« Andres ist für Claudius der andre. Aber nicht allein die Episteln an den ausgedachten Partner, nein, seine sämtlichen Dichtungen haben den Charakter der Anrede, der Bekanntmachung, des Weitersagens, der Anteilgabe, des Nichtfürsichbehaltens. Seine gesammelten Werke sind gesammelte Briefe an seine Leser, ganz und gar von der Intention bestimmt, zur Kenntnis genommen werden zu wollen. Geschriebene Sprache, fand Claudius, »ist ein infamer Trichter, darin Wein zu Wasser wird«. Aber die briefliche kommt der mündlichen am nächsten. Deswegen hat er sie bevorzugt und ihre Eigenart bis in die Poesie hinein spüren lassen. Im Alter, da ihm die Lust, Papierrosen für die Literaturgeschichte anzufertigen, so langsam verging, wurde der Schriftsteller mehr und mehr zum Briefsteller. Seine Briefe (man kennt reichlich tausend »billets« an Freunde und Angehörige, mehr sind leider nicht erhalten geblieben) sind ein Supplement seines Œuvres, eine willkommene Zugabe: ohne sie kennten wir diesen Dichter, der ein Bote sein wollte, nicht wirklich.

Der Brief ist eine der schönsten Ausdrucksformen, die menschlicher Geist ersonnen hat, und der Niedergang der Briefkultur, der weder zu leugnen noch aufzuhalten ist, geht mit einer Verkümmerung sprachlichen Vermögens und Vergnügens einher, über die lange nachzudenken wäre. Jedes Lob des Briefes wird unter der Hand zum Nachruf. Die Technik vertreibt den Brief mit unerhörter Rasanz. Ob die Menschen ahnen, was ihnen abhanden kommt, wenn sie die Briefkunst verlernen? Muß nicht ungesagt bleiben, was sich nicht anders als im Brief sagen läßt?

Ich bin ein eifriger Briefschreiber, Tag für Tag, bin also auf die verschiedenste Weise mit den verschiedensten Menschen in dauernder Verbindung. An diesem Brauch hindert mich auch der Umstand nicht, daß die Erwiderung oft durchs Telefon, diesen Briefkiller ohnegleichen, erfolgt. Mit Fontane »bin ich geradezu Briefschwärmer« und ziehe sie, die Briefe, »weil des Menschen eigenstes und echtestes gebend, jedem anderen historischen Stoff vor«. So versteht es sich von selbst, daß ich auch ein eifriger Brief*leser* bin.

Niemand kennt die Zahl der vergessenen, verlorenen, verbrannten oder der nie angekommenen Briefe. Aber gedenkt man der Zeugnisse, die überliefert und in Editionen zugänglich gemacht worden sind, so handelt es sich um einen unschätzbaren Reichtum. Wieviel weniger wüßten wir, zum Beispiel, über die Epoche, die man den deutschen Idealismus nennt, wenn nicht damals ein fast ungehemmtes Mitteilungsbedürfnis in einer Hülle und Fülle von Briefen Ausdruck gesucht und gefunden hätte. Es florierte ein wechselseitiger Austausch von Nachrichten aller Art. Nirgends dürfte vergangene Wirklichkeit so gegenwärtig sein wie in ihnen. Briefe waren ausführliche Inserate, in denen privatim angezeigt wurde, was das ganze Menschenleben ausfüllt, von der Geburt bis zum Tod, das Lachen wie das Weinen umschließend. Deswegen sind sie »so viel wert«, meint einer der Meister dieser Gattung, Goethe, »weil sie das Unmittelbare des Daseins aufbewahren«.

Er wollte allerdings gekonnt sein und gepflegt werden, der Brief. Der Brockhaus von 1827 gönnt diesem Stichwort mehr als fünf eng bedruckte Seiten. »Von dem musterhaften Briefe«, so heißt es dort streng, verlangen wir, »daß er, aus der Eigentümlichkeit des Schreibenden hervorgegangen, dieselbe auch bezeichne; aber wir fordern damit auch, daß der Brief, um auf den Empfänger die gewünschte Wirkung hervorzubringen, die Eigentümlichkeit desselben gleichfalls beachte und sich derselben anschließe.« Es folgt eine Typologie der Briefe, und da werden die »vertraulichen« besonders bewertet, weil ihnen am meisten Gemütssubstanz überantwortet werden kann. Es sind »die Verhältnisse der Verwandtschaft, der Liebe, Freundschaft, Dankbarkeit, des wohlwollenden Umgangs, auf welche sich die vertrauliche Mitteilung gründet, und so umfassend der Kreis der Gegenstände ist, welche ein Herz dem andern mitteilen kann, so umfassend ist auch der Inhalt des vertraulichen Briefs; so verschieden die Individualität und Lage des Schreibenden, so verschieden auch der Ton und die Form, welche der vertrauliche Brief annehmen kann«. Aber trotz hoher Erwartungen an den Briefstil wären eine Theorie oder Vorschriften gewiß sein Ende. Entscheidend ist ein Gespür für das Maß der möglichen Vermittlung, für die Stimmigkeit der Gefühle und ihrer Bekundung. Ein von ungelenker Hand verfaßter Brief kann unvergleichlich mehr Gewicht haben als die Glanzleistung eines Homme des lettres. Deswegen wagt Brockhaus – aufschlußreich für seine, leider kaum noch zutreffend für unsere Zeit – den »vertraulichen Brief« auch als den »Empfindungsbrief« zu bezeichnen.

Der Empfindungsbrief läßt den Empfänger die sämtlichen Regungen und Rührungen mitdenken, mitfühlen, mitwünschen, mitdulden, die den Schreibenden zur Selbstäußerung, zum Anvertrauen, zur »Herzensergießung« drängen. Heine spricht vom »Herzblut im Briefcouvert« und vom »Seelenbesuch«, den man demjenigen abstattet, dem man seine briefliche Aufwartung macht. Da nimmt es nicht wunder, daß die hohe Zeit der

Briefkultur überwiegend von Frauen geprägt wurde. Ihre Mitwirkung am Literaturbetrieb war nicht gern gesehen. So wurde der Brief ihr Medium. Briefeschreibend wurden Frauen zu Autorinnen. An dem Tag, an dem die Postkutsche abging, hat Caroline Schlegel ihre »Briefe dutzendweise expedirt«. Sie stand keinesfalls allein mit ihrem »schreibseeligen Rappel«. Die vitalsten und lesenswertesten Beispiele aus dem »Jahrhundert des Briefes« stammen von Frauen. Sie haben Leben in Worte gefaßt.

Natürlich waren es nicht zuletzt die *gaudia domestica*, die häuslichen Freuden, die es wert waren, den Freunden erzählt zu werden. Aber wie oft wurden sie getrübt! Wie oft muß von Krankheit und Sterben, von Tränen und Gram berichtet werden! Ausgerechnet Briefwechsel, die Hymnen der Liebe sind, enden mit der traurigsten Kunde, die ein Brief transportieren kann. Wie nah Liebe und Schmerz beieinander sein können, das ist nicht eindringlicher und anrührender darzustellen, als wir es in den Briefen, die zwischen Meta Moller und Friedrich Gottlieb Klopstock oder zwischen Luise Mejer und Heinrich Christian Boie oder zwischen Eva König und Gotthold Ephraim Lessing hin und her gingen, nachlesen können. Die Zahl solcher in Briefen sich widerspiegelnden Schicksale ist Legion.

Das Liebespaar Lessing und Eva König brauchte lange Geduld, bis es endlich zusammenfand. Nach Jahren quälenden Wartens soll die Hochzeit nun »impromptu« stattfinden. Ein gutes Jahr später, zu Weihnachten 1777, kommt Eva mit einem Kind, einem Sohn, nieder. Er stirbt tags darauf. Lessing schreibt einem Freund: »Ich ergreife den Augenblick, da meine Frau ganz ohne Besinnung liegt, um Ihnen für Ihren gütigen Antheil zu danken. Meine Freude war nur kurz: Und ich verlor ihn so ungern, diesen Sohn! Denn er hatte so viel Verstand! So viel Verstand! – Glauben Sie nicht, daß die wenigen Stunden meiner Vaterschaft mich schon zu einem Affen von Vater gemacht haben. Ich weiß, was ich sage. – War es nicht Verstand, daß man ihn mit eisern Zangen auf die Welt ziehen mußte? Daß er sobald Unrath merkte? – War es nicht Verstand, daß er die erste Gelegenheit ergriff, sich wieder davon zu machen? – Freylich zerrt mir der kleine Ruschelkopf auch die Mutter mit fort! – Denn noch ist wenig Hoffnung, daß ich sie behalten werde. – Ich wollte es auch einmal so gut haben wie andere Menschen. Aber es ist mir schlecht bekommen ...« Nach zwei Wochen meldet sich Lessing noch einmal: »Meine Frau ist todt: und diese Erfahrung habe ich nun auch gemacht. Ich freue mich, daß mir viel dergleichen Erfahrungen nicht mehr übrig seyn können zu machen; und bin ganz leicht ...« Walter Benjamin merkt zu diesem Lakonismus an, hier habe »der Tod nicht nach der Geliebten allein, sondern auch nach der Feder gegriffen«. Die Existenz eines verzweifelten Menschen gelangt ohne Umwege in so einen Brief wie diesen.

Die Frage, ob Briefe, die alle Tiefen und Höhen durchlaufen, heute noch geschrieben werden, wird gern verneint. Sie sind selten geworden, zweifellos, und ein Vergleich mit der Blütezeit wird sich nie mehr einstellen. Aber ausgestorben? Noch entstehen Schriftstücke, in denen »ein Herz dem andern mitteilen« kann oder will oder muß, was es höher schlagen läßt oder betrübt. Ich weiß es und gebe die Hoffnung nicht auf. Wir stünden jämmerlich da, wären der Brief und die Fähigkeit oder der Mut, ihn zu schreiben, nur noch Geschichte. Wenn Briefe »das Unmittelbare des Daseins aufbewahren«, so wäre das Dasein selbst in Gefahr zu verkümmern, wenn es keine Worte mehr für sich fände.

Unser Jahrhundert, das zwanzigste, hat den Brief zwar literarisiert, aber bislang nicht völlig vernachlässigt. Geistreiche Korrespondenzen, ganze Briefwerke, voluminöse schriftliche Diskurse füllen meine Regale und reizen zur Lektüre, lauter Kunstwerke kleineren oder größeren Ausmaßes. Wieder muß Thomas Mann erwähnt werden. Oder Kafka. Oder Rilke. Oder Hofmannsthal. Oder Hesse. Daß ihre Verfasser mit späterer Veröffentlichung liebäugelten, ist freilich in nur wenigen Fällen auszuschließen. Und was ist mit den Briefen, die wir nicht kennen, die nur die oder den erreichten, für die oder den sie bestimmt waren? Sie sind eigentlich der Normalfall. Sie haben ihre Funktion erfüllt. Sie sind uns Voyeuren entgangen. Gelegentlich kommen welche zum Vorschein, mit Absendern ohne Prominenz, und da darf man oft staunen bei der Feststellung, daß mehr Talent zur Briefkunst verbreitet sein dürfte, als wir befürchten.

Viele Briefe wurden in außergewöhnlicher Situation formuliert, als einzig verbliebene Möglichkeit einer Kommunikation. Es sind Vermächtnisse. Ich nenne zwei Beispiele, naturgemäß bekannte, die stellvertretend für unbekannte stehen: den Brief Kurt Tucholskys an Arnold Zweig, mit dem er für immer Abschied nimmt von einem Deutschland, das er hoffnungslos geliebt und deswegen kritisiert hatte. Nicht minder ergreifend die Zeilen, die Helmuth James Graf von Moltke aus dem Gefängnis Tegel vor seiner Hinrichtung an seine Frau, sein »liebes Herz«, und zu guter Letzt an seine kleinen Söhne geschickt hat. Botschaften dieser Intensität in Sammelbänden zu lesen, entwertet sie und macht ihre Einzigartigkeit vergessen. Solche Texte gehören nicht in Anthologien, sondern in Biographien.

Unser Thema ist ohne Ende und die Versuchung, noch und noch Exempel anzuführen, ebenfalls. Um indes nicht auszuufern, beschränke ich mich auf zwei Reverenzen, höchst subjektiv, versteht sich. Die erste gilt Sigmund Freud. Sein mächtiges Briefopus ist eine lebendige Begleitung seines ganz und gar stupenden wissenschaftlichen Werkes. Ehe sich jemand entschließt, Freud nicht zu mögen oder nicht zu verstehen, lese er seine

Briefe. Erst danach läßt sich mit Fug und Recht über ihn reden.

Geübt hat sich der Briefschreiber als Verliebter und Verlobter. Während er, als junger Arzt, noch bei seinen Eltern wohnte, rannte er gewöhnlich, wenn er von der Arbeit kam, schnurstracks in sein »Kabinett«, um zu lesen oder zu schreiben. Eines Abends jedoch erregte ein junges, etwas blasses, aber merkwürdig anziehend aussehendes Mädchen, das in der Wohnstube am Tische saß und vergnügt plaudernd einen Apfel schälte, seine Aufmerksamkeit, und zur allgemeinen Überraschung setzte er sich zur Familie. Der erste Blick hatte Folgen. Ein paar Tage war Freud unsicher und zögerlich, dann schickte er dem Mädchen täglich eine Rose, jeweils mit einer Visitenkarte versehen, auf der ein Denkspruch in lateinischer, englischer, spanischer oder deutscher Sprache zu lesen war. Zwei Monate später verlobten sich Sigmund Freud und Martha Bernays. Die Rosen wurden seltener, die Denksprüche ausführlicher.

Anderthalbtausend Briefe erhielt die Braut von ihrem Bräutigam, manchmal zwei am Tag. In ihnen offenbart Freud eine enorme und komplizierte Leidenschaft, die von der höchsten Seligkeit bis zur tiefsten Niedergeschlagenheit reicht. Er ist ein »besessener« Liebhaber, eifersüchtig und besorgt zugleich. »Man muß mit Zärtlichkeit nicht kargen«, fand er und variierte seine Anreden unermüdlich: »Mein geliebtes Mädchen«, »Mein Prinzeßchen«, »Hohe Herrin, süßes Lieb«, »Mein Liebchen«, »Mein Marthchen, mein Marthchen«, »Du Weibchen« und so weiter. Kaum ein Brief, in dem Freud nicht weit ausholt: Er berichtet, was er liest; er schildert detailliert, wen er trifft; die Vorkommnisse im Krankenhaus werden eingehend beschrieben; er philosophiert über seine Stellung im Judentum, gibt Weisheiten über und manchmal auch wie Nathan von sich. Der Bräutigam, dem die Braut den Kopf verdreht hat, entpuppt sich von Mal zu Mal deutlicher als der magistrale Briefschreiber, der in seine Korrespondenzen mit Freunden oder Kollegen gelehrte Abhandlungen einzubauen weiß. Geradezu graziös verbindet er Höflichkeit mit Sachlichkeit. Seine Briefprosa ist der seiner wissenschaftlichen Publikationen noch überlegen, weil die Person des Autors nicht zurücktritt, sondern erkennbar wird, ja sich erkenntlich zeigt.

Freud, sonst scheu, hat sich in seinen Briefen weder versteckt noch geschont, sondern im Schreiben einer ständigen Selbstanalyse unterzogen. Sie sind die wertvollste und zugleich die beeindruckendste Auskunft über sein Denken und sein Leben. Die Frage übrigens, wie er sich die Zeit hat stehlen können, um die viele dicke Bände füllenden Briefgespräche mit Carl Gustav Jung, mit Karl Abraham, mit Lou Andreas-Salomé, mit Arnold Zweig, mit Albert Einstein, mit Sandor Ferenczi und vielen anderen zu führen, gibt selbst den Biographen Rätsel auf.

Im Sommer 1968 eröffnete Karl Barth – und damit bin ich bei meiner zweiten Reverenz – seinen Verwandten und Bekannten in einem Rundschreiben, mit dem er sich für die Gratulationen zu seinem 82. Geburtstag bedankte, daß ihm »im hohen Alter noch eine sehr merkwürdige Freundschaft zuteil geworden« sei: und zwar »mit dem Dichter Carl Zuckmayer«. Das war so gekommen: Nach der Lektüre von Zuckmayers Memoiren »Als wär's ein Stück von mir« schrieb Barth dem Autor, stellte sich ihm vor und ließ ihn wissen, daß das Buch ihm Sympathie abgelockt und ein Lesevergnügen bereitet habe. Dieser Brief wäre durch ein Mißgeschick beinah verlorengegangen. Er wurde auch erst nach zwei Monaten beantwortet. Doch dann ergab sich ein reger Briefwechsel, ergänzt durch zwei persönliche Begegnungen. Es entwickelte sich zwischen diesen beiden in aller Beziehung verschiedenen Berühmtheiten ein Kontakt, der um so eindringlicher war, als ihm wenig Zeit blieb: Barth starb anderthalb Jahre nach dem Beginn der Bekanntschaft mit Zuckmayer.

Wer von dieser neuen Freundschaft erfuhr, war verblüfft. Zwei völlig differente Temperamente, zwei scheinbar unvereinbare Blutgruppen hatten sich getroffen. Und gefunden. In der Korrespondenz wurde schier alles traktiert, was den beiden Alten in den Sinn kam. Die Streitbarkeit dieser fleißigen Briefschreiber war der Herzlichkeit keinesfalls abträglich. Im Gegenteil. Je deutlicher die Verschiedenartigkeit, je häufiger die *correctio fraterna,* die brüderliche Zurechtweisung, wurde, um so vertrauter, privater und intimer wurde ihr Umgang. Barth nannte den um ein Jahrzehnt jüngeren Freund gern seinen »kleineren Bruder«.

Liebe, sagt man, gibt es auf den ersten Blick. Freundschaft entsteht und wächst langsam. Liebe kann unerwidert bleiben. Freundschaft beruht auf Gegenseitigkeit. Obwohl sie die uneigennützigste aller menschlichen Beziehungen ist, gedeiht sie nur im Geben und im Nehmen. Liebe verlangt, gerade in ihren höchsten Augenblicken, Ausschließlichkeit. Sie spricht im Singular. Freundschaft wird meist im Plural dekliniert. Ich habe gern viele Freunde. Zugespitzt gesagt: Wer nur einen Freund hat, hat keinen. Denn das Talent zur Freundschaft ist eine Grundhaltung, die sich nicht beschränken mag. In Zeiten, in denen der Freundschaft höchster Wert beigemessen wurde, just in den Zeiten, in denen die Kunst des Briefeschreibens kulminierte, hat man ihr die Wirkung der Verdoppelung, der Erweiterung und der Vermehrung der Persönlichkeit zugetraut. Allein sind wir nicht schon das, was wir mit Freunden werden können. Jeder Mensch hat ein Fragment der Menschheit in sich und ist auf der Suche nach Fragmenten, die zu ihm passen. So kamen Barth, der protestantische Theologe, und Zuckmayer, der katholische Schriftsteller, zusammen und erspürten jeweils beim andern, was sie bei sich nicht oder kaum kannten, allenfalls ahnten.

Diese späte Freundschaft bezeugt eine *hilaritas*, eine Heiterkeit zweier alter Männer, die sich die Freiheit nahmen, etwas »über den Dingen zu stehen«, ohne sie aus dem Visier zu verlieren. Sie waren niemals fertig, hatten immer noch etwas vor sich, blieben neugierig bis zuletzt. Und sie haben etwas Wichtiges füreinander übrig gehabt: nämlich Aufmerksamkeit, Zuwendung. Des Telefons dürften sie sich keinmal bedient haben. Der bedachtsame Gedankenaustausch war das unentbehrliche Element ihrer Freundschaft. Dabei wollten sie sich nicht um den Genuß des gelungenen Ausdrucks bringen, und sie wollten empfangene Briefe mit ihrer Erwiderung so belohnen, wie es dem Partner zustand. Wegen seines gleichermaßen anregenden und angenehmen Klimas wirkt der Briefwechsel, den sie uns hinterlassen haben, ansteckend auf die, die ihn lesen.

Liebe wird von Briefen allein nicht leben können; Freundschaft schon. Es gibt bemerkenswerte Brieffreundschaften zwischen Menschen, die sich niemals gesehen haben. Nicht von ungefähr ist in der lateinischen Herkunft des Wortes Korrespondenz beinah alles enthalten, was Freundschaft kennzeichnet: antworten, raten, sich melden, übereinstimmen, ein Gegenstück sein, sich die Waage halten, zu seinem Wort stehen, verbürgen, gutsagen, geloben, in Aussicht stellen und versprechen. Etwas versprechen zu können, gilt als eine Fähigkeit, die nur bei Menschen anzutreffen ist.

Aber so gern und so oft ich mit ihnen verkehre: Nicht den souveränen Briefkünstlern möchte ich in meinem Lob des Briefes das letzte Wort lassen. Ein siebzehnjähriger Bauernjunge, der, ohne es zu begreifen, Soldat geworden und in den Krieg geraten war, schrieb im Winter 1945/46 diese Karte an sein Elternhaus: »Lieber Vater! Ich bin jetzt in russischer Kriegsgefangenschaft. Hier ist vielleicht was los! Dein treuer Sepp.« Das konnte man wohl sagen. Und damit war auch alles gesagt – von einem, der die Gabe des Wortes nicht besaß und sich dennoch seinen Nächsten mitzuteilen suchte.

Stillstehn ist Zurückgehn

UMGANG MIT TRENNUNG

Mit dem Ende meiner beruflichen Laufbahn habe ich zugleich einen Ortswechsel vollzogen. Das war riskant. Er bedeutete die Trennung von einer Fülle von Gewohnheiten und Geborgenheiten. Wer fortzieht, läßt vieles, auch Liebgewordenes, zurück.

Wo Altes sich häuft, findet Neues manchmal keinen Platz. Ohne Vergangenheit abstreifen zu wollen oder zu können, sollte sie die Gegenwart und die Zukunft nicht überschatten. Dauernde Reminiszenz hindert an der Fortbewegung, wird zur Bleischleppe. Die Pensionierung ist jedoch keinesfalls bloß ein Abschluß, sondern vor allem ein Auftakt. Ich bin wieder einmal ein Anfänger. Ich habe nicht nur allerlei hinter, sondern Wichtiges vor mir. Und der kommenden Zeit sehe und gehe ich entgegen wie von einem Auspizium aus – in bezug auf ihre selbstzubestimmende Gestaltung ungebundener als je zuvor.

Der betrüblichste Aspekt dieser Trennung ist die Entfernung von den Freunden. Aber sie belebt die Lust, Briefe zu schreiben. Und Freundschaft verträgt oder braucht, anders als Liebe, Distanz. Es scheint mir, daß Goethe recht hatte, als er an Achim von Arnim schrieb: »Wie die Pausen so gut zum musikalischen Rhythmus gehören als die Noten, so eben mag es auch in freundschaftlichen Verhältnissen nicht undienlich seyn, wenn man eine Zeitlang sich mitzutheilen unterläßt.« Sie leben vom Wechselspiel von Nähe und Abstand. Und es gibt Fälle, in denen die Nähe mehr schadet als der Abstand. Nach jahrzehntelanger Kontaktlosigkeit kann Freundschaft aufblühen, als hätte es keine Unterbrechung gegeben. Sie ist stärker als die Trennung.

Die Möglichkeit der Trennung hat mich schon als Kind beunruhigt. Ich habe mich gegen sie gesträubt. An dieser Empfindlichkeit mag der frühe Tod meines Vaters schuld sein. Er hat mich gelehrt, daß Trennung eine oder die Grundwahrnehmung des Menschen ist. Unser Leben ist eine Summe von Trennungen: gewollten und ungewollten, verschuldeten und erzwungenen, heilsamen und tragischen. Es ist ein immerwährendes Abschiednehmen, von Menschen, von Orten, von Zeiten, von sich selbst – wir haben hier keine bleibende Statt. Diese Erfahrung nimmt im Alter unweigerlich zu. Statt sie zu umgehen, wäre es den Versuch wert, mit ihr umzugehen.

Trennungen können Amputationen sein, Verstümmelungen, von denen wir uns nicht oder schwer erholen. Was sie in uns anrichten, wird kaum durchschaut. Sie beeinträchtigen unser Wohlbefinden möglicherweise lebensgefährlich, hinterlassen Defekte, wirken gleich unerklärten Krankheiten, denen wir Namen wie Heimweh, Kummer, Gram, Herzeleid oder Wehmut geben – lauter ungenaue und überdies altmodische Begriffe, die Zustände beschreiben, die man früher durchaus zu beklagen wußte, heute aber lieber verschweigt. Dabei kennt sie jeder.

Trennungen sind notwendig. Sie haben ordnende, klärende, hegende Bedeutung. »Eine Mauer um uns baue« – so lautet eine alte Bitte. Die Mauer hat die Funktion der Grenze. Sie gewährt das Recht auf eigenen Lebensraum. Es steht mir zu, eine Tür hinter mir zu schließen. Zum andern sind Trennungen Öffnung, Ent-Bindung, Ablösung, Aufbruch, Befreiuung von etwas, das uns nicht gefangennehmen darf.

»Stillstehn ist Zurückegehn« – dieser Sinnspruch des Cherubinischen Wandersmanns besagt, daß es mir nur im Fort-Schritt gelingt, zu bleiben oder besser: zu *werden*, der ich *bin*. Existenz bedeutet: aus sich heraus und ins Leben zu treten. Es ist uns aufgegeben, immerzu etwas aufzugeben. Sich »von nichts trennen« zu können, auch vom Eigensten nicht, ist ein Unvermögen, wirklich zu leben.

Aber sogar die notwendigen, die schöpferischen Trennungen pflegen mit Verlust und Gefahr, mit Leid und Trauer, mit Irritation und Verzweiflung verbunden zu sein. Du wirst deinen Vater und deine Mutter verlassen – das heißt: Du wirst Verlassenheit hinnehmen. Du mußt in die Ferne, in die Fremde, mußt Heimat entbehren, Elend (= Ausland) kennenlernen. In diesen Bildern erkennt jeder bestimmte Momente seiner Lebensgeschichte. Jede oder jeder erinnert sich vermutlich auch an die vielfältigen Anstrengungen, diese Gesetzmäßigkeiten zu entschärfen und zu kupieren. Denn daß Scheiden nicht nur weh, sondern auch not tut, ist zwar eine leicht hergesagte, aber durchweg verdrängte und kaum ausgehaltene Wahrheit.

Trennung ist beides: Sie ist ein Verhängnis, oft unfaires Schicksal, gegen das wir aufbegehren oder unter das wir uns beugen. Und sie ist eine Lebensregel, ein kreatorisches Prinzip, eine Bedingung für Wachstum, Entfaltung und Reife. Trennungen, die uns nicht zerstören, bringen uns oft weiter.

Unsere Lebenszeit beginnt und endet mit einer Trennung. In all den vielen Trennungen, den großen wie den kleinen, den produktiven wie den destruktiven, die sich zwischen Geburt und Tod ereignen, wird die erste, die Trennung vom Mutterleib, wiederholt und die letzte, die Trennung von sich selbst, vorweggenommen. Jede Trennung offenbart die Verletzlichkeit, die Schutzlosigkeit, die Vergänglichkeit des Lebendigen. Nichts, keinen noch so seligen Augenblick, festhalten zu können, quittiert uns eine sehr schmerzliche Ohnmacht, nämlich unsere unentrinnbare Zeitverfallenheit, mit der einverstanden zu sein sowohl eine Tugend wie eine Überforderung wäre. So verursachen Trennungen regressive Sehnsüchte: den Wunsch nach Rückkehr in das Einssein und in die vollkommene Geborgenheit. Und sie erzeugen depressive Ängste: eine

Ahnung des Alleinseins und der Beziehungslosigkeit.

Gegen die isolierende Wirkung von Trennungen setzt der Mensch eine Fähigkeit, eine Macht ein, die Harmonie, Zusammenfügung, Verbindung intendiert: die Liebe. Sie will das Einssein, die Innigkeit herstellen, ohne sie der Zeit entreißen zu können. Sie vereinigt Getrenntes, ohne es zu veruneigentlichen. »In der Liebe«, so Erich Fromm, »kommt es zu dem Paradoxon, daß zwei Wesen eines werden und trotzdem zwei bleiben.« Eben dies hat Chagall mit seinen Bildern hundertfach ausgesagt. Seine Biographie beschreibt eine Reihung von Abschieden. Das gemeinsame Leben von Bella und Marc indessen ist ein einziger Hochzeitsflug. Was sie trennen will, lassen sie unter sich. Sie entschweben der Realität in eine andere, in ihre, ja in die wirkliche Wirklichkeit. Bis Bella stirbt. Sie nimmt Marc beinah mit. Doch vier Jahre nach ihrem Tod besucht Chagall ein alter Bekannter, der von ihrem Tod nichts weiß, sie vermißt und nach ihr fragt. »Da«, sagt Chagall und weist auf sein Gemälde »Der schwarze Handschuh«, das ihn und Bella in Umarmung und Verschmelzung zeigt: Sie sind ein Herz und eine Seele. Chagalls Paar-Bilder sind eine Perlenkette aus gemalten Liebesbriefen.

Liebend überwindet der Mensch sein tiefes Gefühl der Abgetrenntheit, der Einsamkeit, der Entfremdung von sich selbst. Lieben zu können, ist noch mehr Erfüllung, als geliebt zu werden. Ich kann plötzlich Ich sagen, weil ich Du sagen kann. Der Verlust der in der Liebe gewonnenen Identität durch Trennung ist ein Schock. Er wird in der Psychologie als Ich-Katastrophe eingestuft. Mit einfacheren Worten: Von allen Trennungen ist gewiß diejenige die empfindlichste, die widersinnigste, die traurigste, die das entzweit, was Liebe geeint hatte; sie führt in die unmittelbare Nähe des Todes. Sie ist herzzerreißend.

Das Leben ist eine Kette von Trennungen, die Wunden schlagen. Vor allem da, wo es am intensivsten ist, wo geboren, geliebt, gestorben wird, ist der Schmerz, den Trennung bereitet, als Gevatter nicht fern. Die Neigung, sich Trennungsschmerz zu ersparen und beharrliche Trennungsarbeit zu vermeiden, ist nur zu begreiflich. Aber wer ein Leben ohne solchen Schmerz sucht, wird kein Leben der Fülle finden. Wer aus Angst vor Trennung nur besitzen und festhalten will, lernt weder sich noch andere kennen. Er verläßt das Leben, ohne gelebt zu haben.

DER AUTOR

Geboren am 19. September 1928 in Hamburg.
Zunächst Verlagslektor, dann Redakteur, seit 1963 Chefredakteur Kultur im Süddeutschen Rundfunk in Stuttgart. Seit dem Sommer 1991 freier Publizist in Baden-Baden.
Zeitweilig Mitglied des Präsidiums des Deutschen Evangelischen Kirchentags, der UNESCO sowie des P.E.N.-Clubs.
Autor der Bücher »Liebhaber des Lebens«, »Warum wir schreiben«, »Ich habe versucht zu lieben«; Herausgeber zahlreicher Sammelwerke: zum Beispiel »Es ist ein Weinen in der Welt«, »Einsamkeit«, »Frauen«, »Liebespaare«, »Tren-

nung«, »Mein Judentum«, »Psychologie für Nichtpsychologen«, »Die Erde den Sanftmütigen« oder »Es gibt was Besseres in der Welt«.

WEITERE TITEL AUS DER EDITION JOHANNES KUHN

Hermann Portheine
DAS HERZ – UNSERE LEBENSMITTE

Uta Schlegel-Holzmann
KEIN ABEND MEHR ZU ZWEIT

Hans-Joachim Thilo
ZWISCHEN ZÄRTLICHKEIT UND ZORN

Fritz Heinrich Ryssel
ÜBER DIE RUNDEN KOMMEN IST AUCH SCHON WAS